A. MILLERAND

LA GUERRE LIBÉRATRICE

CONFÉRENCE

FAITE A VERSAILLES LE 22 OCTOBRE 1916

PARIS

LIBRAIRIE HACHETTE ET Cⁱᵉ

79, BOULEVARD SAINT-GERMAIN, 79

1916

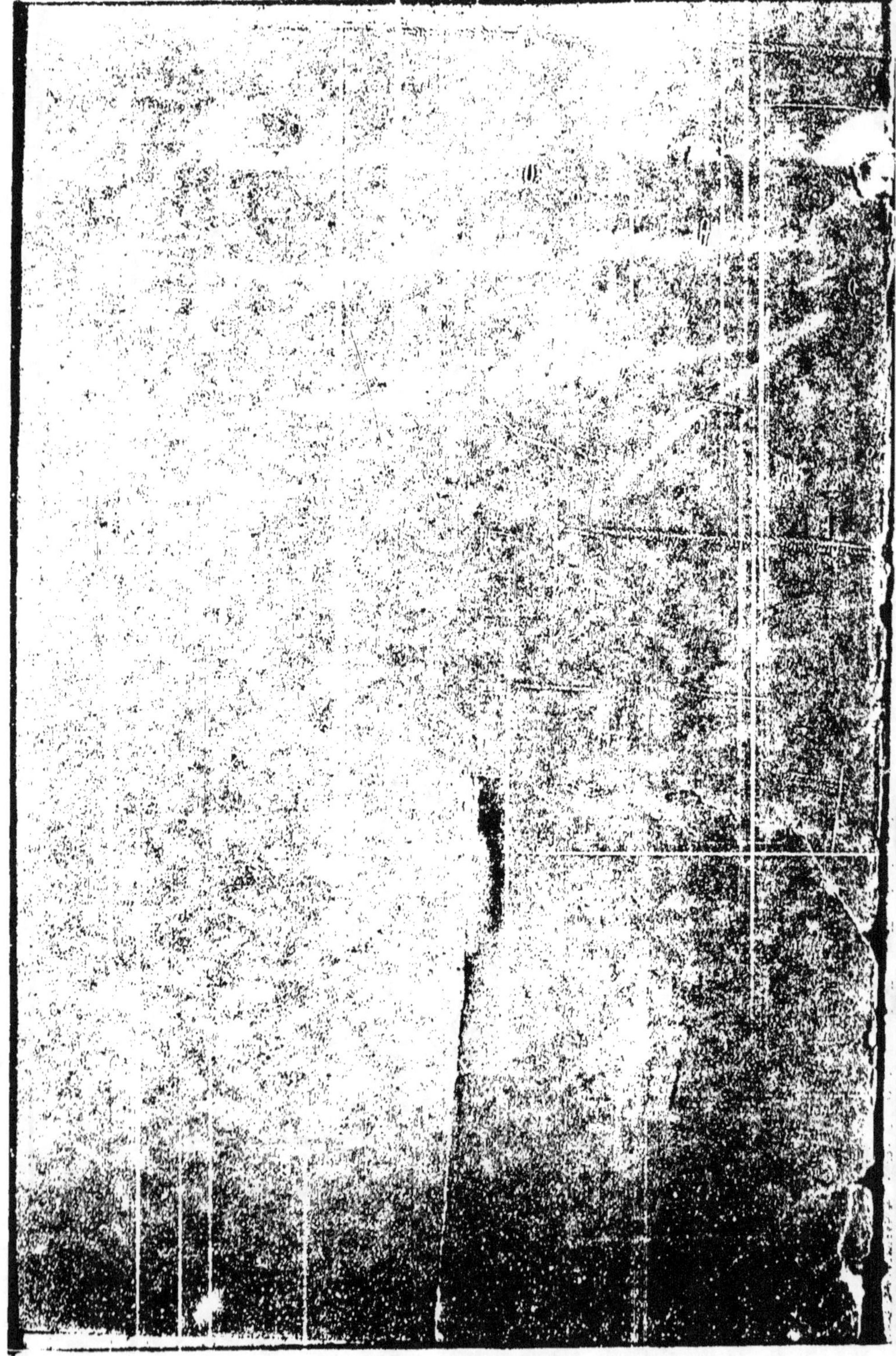

LA GUERRE
LIBÉRATRICE

A Madame R. Péreire
très-sympathique souvenir
A. Millerand

A. MILLERAND

LA GUERRE LIBÉRATRICE

CONFÉRENCE

FAITE A VERSAILLES LE 22 OCTOBRE 1916

PARIS

LIBRAIRIE HACHETTE ET Cie

79, BOULEVARD SAINT-GERMAIN, 79

1916

LA GUERRE LIBÉRATRICE

Mesdames, Messieurs.

Le 23 juillet 1914 à 6 heures de l'après-midi, le ministre d'Autriche-Hongrie à Belgrade remettait à M. Patchou, ministre des Finances serbe, qui faisait l'intérim de la présidence du Conseil et du ministère des Affaires étrangères, une note qui constituait un ultimatum. La réponse devait être donnée dans le délai de quarante-huit heures, soit le samedi 25 avant 6 heures.

Cet ultimatum réclamait à la Serbie l'acceptation d'un certain nombre de demandes que, dès le lendemain, 24 juillet, dans sa dépêche d'appel au Tsar, Son Altesse Royale le prince héritier Alexandre qualifiait, à bon droit, « d'inutilement humiliantes pour la Serbie et incompatibles avec sa dignité comme État indépendant ».

L'Allemagne et l'Autriche
ont voulu la guerre

J'ai dit « à bon droit »; écoutez, messieurs, le texte de la note dont l'Autriche exigeait l'insertion, dès le 26 juillet, en tête du *Journal officiel* serbe, note qui devait être portée, en même temps, à la connaissance de l'armée par un ordre du jour du Roi, pour être ensuite publiée au *Bulletin officiel de l'armée.*

« Le Gouvernement royal de Serbie condamne la pro-

pagande dirigée contre l'Autriche-Hongrie, c'est-à-dire
l'ensemble des tendances qui aspirent en dernier lieu à
détacher de la Monarchie austro-hongroise des territoires
qui en font partie, et il déplore sincèrement les consé-
quences funestes de ces agissements.

« Le Gouvernement royal regrette que les officiers et
fonctionnaires serbes aient participé à la propagande
susmentionnée et compromis par là les relations de
bon voisinage auxquels le Gouvernement royal s'était
solennellement engagé par ses déclarations du 31 mars
1909.

« Le Gouvernement royal, qui désapprouve et répudie
toute idée ou tentative d'immixtion dans les destinées
des habitants de quelque partie de l'Autriche-Hongrie
que ce soit, considère de son devoir d'avertir formelle-
ment les officiers, les fonctionnaires et toute la population du royaume que dorénavant il procédera avec la
dernière rigueur contre les personnes qui se rendraient
coupables de pareils agissements, qu'il mettra tous ses
efforts à prévenir et à réprimer. »

Le prince Alexandre n'avait-il pas raison de qualifier
un pareil document d'inutilement humiliant et d'incom-
patible avec la dignité d'un État indépendant?

Et cependant, dans le délai fixé, le samedi 25 à 5 h. 45
de l'après-midi, M. Pachitch, président du Conseil, remettait au ministre d'Autriche-Hongrie à Belgrade une
réponse qui constituait une satisfaction complète, un
acquiescement sans réserve à toutes les demandes du
Gouvernement autrichien. Le Gouvernement serbe s'en-
gageait, notamment, à faire publier — dans les conditions réclamées — le texte de la note que je viens de vous
lire.

Un quart d'heure après avoir reçu cette réponse, le
ministre d'Autriche-Hongrie notifiait au président du
Conseil que la Serbie, n'ayant pas donné de réponse sa-

tisfaisante, il quittait Belgrade avec le personnel de la légation.

Le mensonge était si flagrant, il était si évident que, d'accord avec les grandes puissances, ses amies, dans l'intérêt du maintien de la paix générale, la Serbie s'était résignée à subir l'humiliation proposée par le Gouvernement autrichien dans la conviction qu'elle ne pourrait pas l'accepter, que pour tromper, ne fût-ce que vingt-quatre heures, les chancelleries et pour paraître justifier la rupture, le Gouvernement autrichien était immédiatement entraîné à un nouvel et non moins grossier mensonge.

Le 27 juillet, télégraphiant à son ambassadeur à Vienne, le ministre des Affaires étrangères de la Grande-Bretagne, sir Edward Grey, lui rapportait en ces termes l'entretien qu'il venait d'avoir avec l'ambassadeur d'Autriche à Londres :

« Le comte Mensdorff m'a dit officiellement aujourd'hui que le gouvernement serbe n'avait pas accepté les demandes que le Gouvernement autrichien s'était vu obligé de lui faire pour garantir d'une façon permanente les intérêts autrichiens les plus vitaux. La Serbie aurait indiqué qu'elle n'avait pas l'intention d'abandonner ses pensées subversives tendant à des désordres continus dans les territoires frontières de l'Autriche-Hongrie et à leur séparation définitive de la monarchie autrichienne.... »

Nous tenons là, messieurs, l'aveu signé de l'Autriche elle-même, qu'elle a voulu la guerre, qu'elle y était décidée, que rien n'aurait pu l'y faire renoncer.

Aussi bien, le dessein était prémédité. L'éminent ambassadeur italien à Paris, M. Tittoni, a raconté, dans un article des plus documentés de la *Nuova Antologia*, l'histoire de la crise européenne du début de 1909.

M. Tittoni était alors ministre des Affaires étrangères.

A ce moment comme en 1914, il n'était pas douteux que si l'Autriche attaquait la Serbie, un conflit européen s'ouvrait. Les efforts combinés de l'Angleterre et de l'Italie, l'abnégation de la Russie, la sagesse de la Serbie détournèrent le péril.

L'occasion était perdue pour l'Autriche. Si, au mépris des traités, elle avait pu s'annexer la Bosnie-Herzégovine, elle gardait à ses flancs la Serbie, État indépendant et souverain : elle n'entendait pas le tolérer longtemps.

L'ancien président du Conseil italien, M. Giolitti, a raconté, en décembre 1914, à Monte-Citorio, comment, le 9 août 1913, il fut avisé officiellement que l'Autriche, sur le point d'attaquer la Serbie, désirait savoir du Gouvernement italien s'il estimait que le traité de la Triple-Alliance devait jouer en ce cas et si elle pouvait compter sur son concours.

La réponse négative de l'Italie sauva la paix de l'Europe.

L'Autriche devait reprendre en juillet 1914, — pour, cette fois, les pousser jusqu'au bout, — ses projets de guerre deux fois avortés.

Que l'Allemagne fût d'accord avec l'Autriche ou, pour parler plus exactement, que le « brillant second » n'eût agi qu'avec la permission du Gouvernement impérial allemand, il serait, en vérité, puéril de s'attarder à le démontrer.

Depuis de longues années l'Allemagne préparait la guerre. L'alliance franco-russe, l'entente franco-anglaise avaient ruiné le rêve qu'elle caressait depuis, à vrai dire, qu'en ce palais même, hélas! à quelques pas d'ici, elle avait, en janvier 1871, proclamé l'Empire allemand. Ce rêve d'hégémonie, il lui fallait ou y renoncer ou l'imposer par la force. Son choix était fait. Tanger, Casablanca, Agadir : autant de moyens de nous tâter, de mesurer notre degré de résistance. Le résultat de ces incidents fût diamétralement opposé à celui que s'en proposait leur impérial auteur.

En même temps qu'ils mettaient la France sur ses gardes, ils y réveillaient l'esprit public anesthésié par une propagande pacifiste, aussi dangereuse que bien intentionnée, et ils propageaient jusque dans les couches les plus profondes de la population, celles qui sont naturellement le moins au courant de notre politique extérieure, la conviction qu'on nous cherchait « une querelle d'Allemand » et qu'un jour ou l'autre elle éclaterait.

Les préparatifs de l'Allemagne n'échappaient, d'ailleurs, qu'à ceux qui ne voulaient pas les voir; deux chiffres suffisent à en souligner l'importance.

De 1905 à 1912, l'Allemagne avait dépensé pour son matériel de guerre deux fois plus de crédits extraordinaires que, pour le même objet et dans le même temps, n'en avait dépensé la France.

En deux ans, de 1911 à 1913, les lois votées coup sur coup de 1911, 1912 et 1913 avaient accru les effectifs de l'armée allemande d'un chiffre égal à celui dont elle s'était, jusque-là, augmentée en trente-sept ans, de 1873 à 1910.

Entre les forces militaires allemandes et les nôtres, l'équilibre était brusquement rompu. Nous n'eûmes que le temps d'arriver à la parade avec notre loi de trois ans. Loi de salut, dont M. Louis Barthou aura, devant l'Histoire, l'éternel honneur d'avoir obtenu l'adoption.

Si prête, si décidée que fût l'Allemagne à nous faire la guerre, encore lui fallait-il colorer d'un prétexte sa brutale agression. Le prétexte autrichien lui paraissait à elle-même d'autant plus insuffisant que l'attitude loyale de l'Italie, déclarant publiquement que la Triple-Alliance ne devait pas jouer en ce cas, attitude corroborée par celle de la Roumanie, enlevait à ce prétexte toute espèce de valeur. Il en fallait forger d'autres.

Peut-être n'est-il pas superflu de rappeler d'un mot les contre-vérités grossières où se saisit sur le fait le parti pris du Gouvernement impérial allemand.

Le 3 août 1914, à 18 h. 45, M. de Schœn, ambassadeur d'Allemagne à Paris, remettait à notre président du Conseil la déclaration de guerre du Gouvernement impérial allemand à la France. Ce document donnait des raisons, même des précisions : certains de nos aviateurs auraient survolé la Belgique, violant ainsi sa neutralité ; d'autres auraient survolé l'Allemagne. Je cite :

« ... l'un a essayé de détruire des constructions près de Wesel, d'autres ont été aperçus sur la région de l'Eifel ; un autre a jeté des bombes sur le chemin de fer de Carlsruhe et de Nuremberg. »

Jamais, à aucun moment, l'Allemagne n'a essayé d'apporter même un commencement de preuve de ces allégations fantaisistes.

Par contre, le 18 mai 1916, un Allemand, le professeur Schwalbe, publiait dans une revue hebdomadaire allemande : la *Revue hebdomadaire allemande de médecine*, une lettre, reproduite par toute la presse allemande, du bourgmestre de Nuremberg, déclarant que jamais il n'avait été jeté de bombe sur sa ville.

Ainsi, les mensonges officiels allemands, comme les mensonges officiels autrichiens, concordent à établir qu'en plein accord, l'Allemagne et l'Autriche ont voulu, préparé et imposé la guerre et, pour la déclarer, recouru aux plus éhontées falsifications de la vérité.

L'Entente a tout fait pour maintenir la paix

Pourquoi me suis-je arrêté sur des faits si bien connus ? Je ne parle ni pour les gouvernements, ni pour les diplomates auxquels je ne me flatte de rien apprendre. Je voudrais que ma voix pût pénétrer jusqu'au plus reculé de nos hameaux, pour porter à tous les Français, des enfants aux vieillards, la preuve signée de nos ennemis que cette guerre, que les horreurs qui se déroulent en ce moment, ont été voulues, préparées, déchaînées par l'Allemagne et l'Autriche.

Il faut que nul Français n'ignore que le Gouvernement anglais, — que, par un comble d'audace, l'Allemagne essaye aujourd'hui de présenter comme le fauteur de la guerre, — a, du 23 juillet au 1ᵉʳ août 1914, multiplié sous toutes les formes ses offres de médiation et d'arrangement.

Sa volonté de paix était si certaine, si indiscutée que, dans la suprême et dramatique entrevue de l'ambassadeur d'Angleterre à Berlin avec le chancelier impérial, M. de Bethmann-Holweg se montra, pour reprendre les termes de la dépêche de Sir E. Goschen, « si évidemment démonté par la nouvelle de l'action anglaise », que son interlocuteur ne crut pas devoir argumenter davantage.

Il faut que nul Français n'ignore que la Russie s'est montrée jusqu'au bout ardemment résolue à maintenir la paix; pour en faire la preuve, une date et un document suffisent.

Le 29 juillet, à un moment donc où Guillaume II tenait encore entre ses mains la paix ou la guerre, le tsar envoyait au kaiser un télégramme, si accablant pour les mensonges allemands, que le Gouvernement impérial n'a trouvé qu'un moyen d'y répondre, c'est de le supprimer purement et simplement de son Livre Blanc :

« Il serait juste, écrivait S. M. Nicolas II, de remettre le problème austro-serbe à la Conférence de La Haye. J'ai confiance en votre sagesse et en votre amitié. »

La dépêche est brève, mais elle est décisive. Jugez maintenant l'intolérable hypocrisie du chancelier impérial demandant, il y a quelques jours, devant le Reichstag, « pourquoi ce bain de sang? », et du kronprinz gémissant, dans une interview donnée à un journaliste américain, sur les atrocités de cette guerre.

Ces atrocités, c'est lui, c'est son gouvernement, c'est l'Allemagne secondée par l'Autriche qui les ont déchaînées. Que le sang versé retombe sur eux!

Si l'Allemagne n'avait pas prévu que le souci de son honneur et le respect de ses engagements mettraient à l'Angleterre les armes à la main, elle n'avait jamais douté qu'elle rencontrerait devant elle la France et la Russie unies. Pour en triompher, son plan était aussi simple que nécessaire : dans le plus court délai, livrer à la France « une bataille sans lendemain »; puis, une fois débarrassée de la France, se retourner contre la Russie. Dans le plus court délai : à cette condition capitale, condition de vie ou de mort, disait Herr von Jagow, le Secrétaire d'État aux Affaires étrangères allemand, à l'ambassadeur de la Grande-Bretagne, tout devait être subordonné. Pour l'atteindre on foulerait aux pieds et la légalité et, pour parler le langage du chancelier, ces chiffons de papier que sont les traités.

En avouant son forfait, le 4 août, devant le Reichstag, M. de Bethmann-Holweg croyait s'en excuser en disant : « Nécessité n'a pas de loi ».

Une fois, en effet, cette condition remplie. le résultat était certain. Comment en douter? Quinze jours plus tôt, un discours retentissant, parti d'une de nos tribunes officielles, avait fait connaître au monde que la France était désarmée. Démunie de forces matérielles, elle l'était plus encore de ces forces morales, sans lesquelles il n'est pas de victoire. Divisée contre elle-même, pourrie jusqu'aux moelles, en pleine décadence, la France ne venait-elle pas d'offrir au monde pour ultime régal le ragoût d'un procès scandaleux?

En vérité, l'heure était propice à l'attaque brusquée!

C'est une justice à rendre à l'Allemagne que nul peuple ne saurait supporter avec elle la comparaison pour la perfection et le fini de son service de renseignements : l'espionnage y est élevé à la hauteur d'une institution. Mais, pas plus en art militaire qu'en science historique, il ne suffit d'entasser les informations sur les documents ; encore faut-il savoir s'en servir : je veux dire les comprendre et les interpréter. Sur ce point les Allemands sont moins remarquables : nous le leur fîmes bien voir.

La résistance française

Quel témoin des premiers jours de notre mobilisation en perdra jamais le souvenir? Je ne parle pas seulement de l'ordre impeccable dans lequel elle se déroula, de la perfection surprenante, pour ceux mêmes qui le connaissaient le mieux, de notre service des chemins de fer.

Je pense à l'allure, à la tenue des soldats que, de tous les points du pays, les trains militaires portaient à leur poste de mobilisation et de concentration. Quel calme! Quelle gaieté! Quelle confiance! D'un coup de baguette la nation s'était transformée en une armée disciplinée, tout entière frémissante d'une seule pensée : battre l'Allemand.

La suite a tenu et au delà les promesses du début. Je ne connais dans aucun pays, dans aucune littérature, de monument comparable au recueil de nos citations à l'ordre de l'armée!

Les traits d'héroïsme, les exemples d'abnégation y foisonnent. Toutes les générations y rivalisent de dévouement et d'esprit de sacrifice. De nos petits des classes 16 et 17 aux territoriaux chenus, c'est à qui déploiera le plus de courage, d'endurance, de crânerie dans la bravoure.

Les femmes se sont montrées, à l'intérieur, les dignes émules des hommes. Pour tromper leurs angoisses, ou apaiser leurs deuils, elles se sont données au service des blessés et des malades, avec quel dévouement et quelle simplicité ! Elles se sont consacrées tout entières et de toutes les manières à l'œuvre de la Défense nationale : à l'atelier, au bureau, sur le sillon, la femme a pris la place laissée vide par le père, le frère ou le mari.

Le spectacle de la terre de France, si admirablement entretenue et cultivée pendant ces deux années de guerre, est le plus bel hommage rendu par les choses elles-mêmes à la vaillance de la femme française !

Ce qu'il y eut de plus réconfortant, c'est qu'à aucun moment, la confiance dans la victoire finale, la certitude du succès définitif, ne désertèrent l'âme française. Même aux heures les plus douloureuses : dans cette retraite de Charleroi, au cours de ces journées et de ces nuits interminables pendant lesquelles nos armées reculèrent, reculèrent toujours, nos soldats ne cessèrent d'attendre, avec une impatience qui était le plus bel acte de foi, l'ordre de prendre l'offensive.

De quel cœur, avec quel enthousiasme ils reçurent et ils entendirent l'immortel ordre à l'armée :

« Au moment où s'engage une bataille dont dépend le salut du pays, il importe de rappeler à tous que le moment n'est plus de regarder en arrière ; tous les efforts doivent être employés à attaquer et à refouler l'ennemi. Une troupe qui ne pourra plus avancer devra coûte que coûte garder le terrain acquis et se faire tuer sur place plutôt que de reculer. Dans les circonstances actuelles, aucune défaillance ne peut être tolérée. »

Comment cet ordre a été exécuté par tous, depuis le simple soldat jusqu'aux généraux d'armée, vous le savez.

Grâce à Castelnau sur le Grand Couronné de Nancy à une aile droite ; grâce à Maunoury et à Gallieni à l'autre extrémité de nos lignes ; grâce à Foch au centre ; grâce à leurs camarades de bataille et de gloire, l'Allemand fut refoulé.

Un jour, dans cette galerie des Batailles où l'œil rencontre, à chaque pas, le souvenir de nos gloires et des gestes de la France pour la civilisation, après Bouvines et Philippe Auguste, après Jeanne d'Arc et Orléans, après Denain et Villars, après Valmy et les volontaires de la Révolution, l'Histoire inscrira les noms de la bataille de la Marne et du général Joffre.

Dans cet effort sublime du 6 au 13 septembre dont, dès le 25 août, le général en chef avait tracé l'esquisse, la France, une fois de plus, aidée des troupes britanniques et des troupes belges qui retenaient sous Anvers une partie des forces allemandes, sauva la civilisation latine de la culture allemande.

Il a fallu improviser une organisation

Oui, nous étions sauvés, les dés étaient jetés et le destin fixé. La guerre des tranchées commençait et, à son abri, une bataille qui, pour être moins retentissante et moins glorieuse, n'était pas moins nécessaire, la bataille des munitions.

Quelle journée que celle du 20 septembre 1914, où, dans le décor paisible d'où le ministère de la Guerre venait d'expulser l'Université de Bordeaux, directeurs des services techniques, représentants des grandes usines privées, industriels, fabricants d'automobiles, virent surgir devant eux le problème formidable qu'il fallait résoudre immédiatement sous peine de mort, je veux dire sous peine de désarmement.

De 13 000 obus de 75 fabriqués quotidiennement, il fallait, pour commencer, passer à une fabrication de 100 000 par jour.

Les caissons se vidaient, les stocks s'épuisaient rapidement. Pour les remplir, une industrie sans personnel, sans matériel, complétement étrangère aux fabrications complexes et délicates qu'on lui demandait d'improviser en quelques semaines.

Plus d'un de ceux qui ont travaillé à résoudre le problème s'est demandé, à maintes reprises, au cours des mois suivants, si le but serait atteint. Il l'a été.

J'ai parlé du problème des munitions; c'était le plus pressant : plus d'obus, plus de canons, plus de guerre. Ce n'était pas le seul. Pour mesurer l'étendue et la gravité des lacunes qui se révélaient sous nos pas, rappelons-nous que, le 15 juillet 1914 — le 15 juillet! — avait été consentie aux ministres de la Guerre et de la Marine l'autorisation d'engager les crédits nécessaires à la mise en état complète de nos approvisionnements de guerre. Ils s'élevaient à 1 milliard 400 millions. Si la moitié en revenait à l'artillerie, on y trouvait de plus, entre autres, 23 millions pour le service de santé, 65 millions pour l'intendance, l'habillement et le campement.

L'intendance : de quelles âpres critiques, je le crains, trop justifiées, ne fut-elle pas l'objet, il y a quarante-six ans?

N'est-il pas équitable de rappeler que, depuis le 2 août 1914, tous les vivres nécessaires à nos armées ont été fournis chaque jour, en parfait état, avec une ponctualité qui ne s'est jamais démentie? Ce n'est pas rabaisser les vertus héroïques de nos soldats que de constater, avec tous leurs chefs, que ce remarquable fonctionnement d'un service si nécessaire a été pour quelque chose dans le maintien du haut moral de nos troupes.

Des difficultés, auxquelles se heurtait la production

des approvisionnements de guerre, il en était une particulièrement humiliante. Pour un certain nombre de ces approvisionnements, nous avions jusque-là été les clients de l'Allemagne ; c'est ainsi que notre industrie des produits chimiques, dépourvue ou à peu près de matières premières, ignorante des pratiques de fabrication, fut tout d'un coup appelée à fournir des quantités invraisemblables d'explosifs. Par un tour de force qui tient du miracle, transformant en quelques mois des procédés de laboratoire en procédés industriels, elle répondit à l'appel qui lui était adressé et fournit aux besoins de la fabrication la plus intensive.

Ce que je dis de l'industrie des produits chimiques, j'aurais pu le dire de l'optique et rappeler qu'au début des hostilités, on en était réduit à réquisitionner jusqu'à des jumelles de théâtre.

Ces improvisations, preuve nouvelle et trop éclatante, hélas ! de nos intentions pacifiques, décèlent, sans doute, une erreur de prévision originelle : celle d'une guerre courte.

Trois mois de guerre, trois grandes batailles, une dépense de 300 coups par pièce, c'était la formule de tous les états-majors. En reprochant sévèrement cette erreur à ceux qui s'en sont rendus coupables, on a oublié de se demander qui donc avait protesté contre elle jusqu'au mois d'août 1914. Que dis-je : jusqu'en août 1914 ? Il a fallu à l'esprit public des mois et presque des années pour qu'il s'accoutumât à l'idée d'une guerre prolongée.

Je n'ai pas oublié l'accueil réservé, dans certains milieux, jusqu'en juillet 1915, à des projets de commandes de matériel de guerre dont les échéances de livraisons mordaient sur 1916 et même sur 1917.

A la même époque, c'est avec un sentiment de scepticisme et presque de révolte qu'on accueillait la pensée d'un second hiver de guerre.

Seuls nos amis anglais, à raison sans doute des conditions mêmes où ils se trouvaient placés, avaient vu juste,
et vous vous rappelez de quelles moqueries on accueillait
la nouvelle que, dans les villes où ils s'installaient, ils
poussaient la précaution jusqu'à passer des baux de
trois ans.

Je n'ai pas, pour ma part, perdu le souvenir d'une
certaine entrevue de la Toussaint 1914, où des membres
du Gouvernement et du grand Etat-Major français entendirent lord Kitchener émettre l'opinion que la guerre
pourrait bien durer trois ou quatre ans.

Lord Kitchener : permettez-moi de m'arrêter un instant
devant cette grande figure.

Lorsqu'il prit la direction du War-Office, au début de
la guerre, l'armée anglaise se composait d'un tout petit
nombre de divisions, prévu pour former le corps expéditionnaire.

Six mois plus tard, sous une avalanche de neige et de
grêle, c'était le 22 janvier, nous quittions Londres avec
lord Kitchener et, pendant des heures et des heures,
nous passions en revue des troupes d'une tenue et d'une
prestance admirables.

En six mois, grâce à l'action de lord Kitchener, à son
prestige personnel, les effectifs avaient augmenté dans la
proportion de 1 à 8. On avait enregistré régulièrement
par semaine 30 000 enrôlements! C'était merveilleux;
c'était insuffisant, puisque, faisant sur elle-même un effort
auquel celui d'aucun autre peuple n'est comparable, opérant dans ses mœurs et dans ses lois une véritable révolution, l'Angleterre dut instituer le service militaire obligatoire. Plus d'une fois, comparant les résultats obtenus
par nous avec ceux qu'il obtenait, lord Kitchener s'était
plaint amèrement à moi des difficultés que lui créait, non
seulement pour le recrutement de l'armée, mais pour la
production des munitions, l'absence dans la législation

anglaise de lois comparables aux nôtres sur la conscrip-
tion et la mobilisation.

À la fin mai 1915, de son aveu, pas un seul
fusil neuf n'était encore sorti des fabriques anglaises,
et c'est avec des fusils de bois qu'on faisait l'instruc-
tion.

Regardez maintenant sur les rives de l'Ancre et de la
Somme cette « méprisable petite armée » si lourdement
raillée par l'empereur allemand.

Gloire à la mémoire de lord Kitchener ! Gloire à nos
amis anglais !

Inclinons-nous avec une égale gratitude devant nos
alliés russes, plus grands encore peut-être dans la mauvaise fortune que dans la victoire. Entre tant d'épisodes
merveilleux dont fourmille cette guerre, j'en connais peu
de comparables à la sublime retraite des armées russes,
reculant sans fusils, sans munitions, devant un ennemi
puissamment armé, recevant sans les pouvoir rendre les
rafales de l'artillerie allemande et maintenant, sous cet
ouragan de fer et de feu, un front que nulle part et à
aucun moment l'ennemi n'a pu percer.

Leur adversaire d'hier, le Japon, a été pour eux un
collaborateur industriel précieux, en même temps qu'il
apportait à l'Entente un concours armé singulièrement
appréciable en expulsant, dès le début, les Allemands de
Kiao-Tcheou.

Le 15 mai 1915, un nouvel allié entrait en ligne. L'Italie
déclarait la guerre à l'Autriche. Je ne reviens pas sur ce
fait acquis que, des signataires du traité de la Triple-
Alliance, ce n'est pas l'Italie qui en avait violé les clauses,
mais bien l'Allemagne et l'Autriche, en déchaînant en
dehors d'elle et contre ses intérêts évidents un conflit
général auquel, sans se suicider, elle ne pouvait pas ne
pas participer.

Quelle part elle y prend, le monde entier le sait et

l'admire. La jeune armée italienne s'est montrée la rivale et l'égale des plus vieilles armées du monde.

En même temps qu'aux grandes puissances, notre hommage va aux petits peuples qui portent sur leurs épaules le lourd fardeau de la guerre : la Belgique si noblement personnifiée par son roi chevalier, incarnation de l'honneur et du droit ; le Monténégro ; la Serbie, vers laquelle, en cette réunion, nos pensées se portent particulièrement.

Par quelles péripéties n'a-t-elle pas passé? En ces deux années, comme dans les siècles de sa longue et douloureuse histoire, elle a touché les sommets de la gloire et de l'infortune. La France a tressailli de joie et d'émotion en apprenant que l'armée serbe avait repris pied sur le sol de la patrie et venait à nouveau d'y planter son drapeau !

Que Son Excellence M. Vesnitch, qui honore cette assemblée de sa présence, veuille bien recevoir, avec la prière de le transmettre à ses compatriotes, l'hommage renouvelé de notre respect et de notre admiration !

Fidèle à ses amitiés latines comme à sa traditionnelle alliance avec l'Angleterre, le Portugal n'a pas consenti à s'abriter plus longtemps derrière une neutralité commode. Il a réclamé sa part de nos angoisses et de nos gloires.

La Roumanie enfin, libérée par les victoires russes, est venue prendre la place que nous lui réservions ; nous comptions sur elle, elle peut compter sur nous.

Si la résistance d'un roi, trop docile à des influences de foyer et de famille, n'a pas encore permis à la Grèce de rejoindre la place où l'appellent son honneur et ses intérêts, il n'est que juste de saluer sur le sol hellénique le grand homme d'État qui, dès le début, a montré à son pays la voie droite.

Si, en février 1915, M. Venizelos, au lieu d'être brusquement congédié, avait été écouté; si, comme il le demandait, la Grèce était, à cette époque, venue se ranger

...té de l'Entente, sans doute le cours des événements n'a pas été modifié, mais il aurait pu en être singu-lièrement accéléré.

Pour l'unité d'action

C'est la coalition de toutes ces forces qui assure la victoire du droit. Pourquoi se refuser à avouer que, comme toute coalition, la nôtre, nouée entre des peuples qui traitent d'égal à égal et dont aucun, les autres y consentissent-ils, n'accepterait de parler en maître, entraîne avec elle des difficultés et des lenteurs?

Sans doute, l'idée de l'unité d'action, si simple en théorie, moins aisée à réaliser, a été, dès le début, com-prise et acceptée par les Alliés. Au commencement de juillet 1915 se tenait à notre Grand Quartier général une réunion de tous les états-majors alliés, rassemblés pour comparer leurs conceptions et leurs projets et mettre sur pied un plan d'ensemble. Mais les événements posent successivement des problèmes dont la solution implique, non seulement l'entente des états majors, mais l'accord des gouvernements.

Le moment n'est pas venu de faire l'historique de l'ex-pédition des Dardanelles, de dire comment elle fut déci-dée, par quelles phases elle a passé.

Depuis longtemps, les regards des Alliés s'étaient tour-nés vers cette porte de l'Europe orientale qu'est Salonique.

Au début de l'année 1915, en Angleterre comme en France, des membres des deux gouvernements pensaient à une expédition. Les difficultés dont j'ai, tout à l'heure, essayé de vous donner une faible idée, rencontrées des deux côtés de la Manche pour l'approvisionnement en matériel et en munitions du front occidental franco-an-glais, ne permettaient pas qu'on envisageât, à cette

époque — je ne parle que des raisons militaires — la
formation d'un front nouveau.

Un jour est venu où elle s'est imposée. Le 24 septembre 1915, au matin, le ministère de la Guerre français
était informé de la mobilisation bulgare. Dans la même
journée, le général Bailloud, commandant notre corps
expéditionnaire d'Orient, recevait l'ordre de tout préparer pour envoyer par Salonique une division au secours
des Serbes.

Le Gouvernement français, en plein accord avec notre
haut commandement, avait pris la décision. Comment
aurait-on reculé devant elle? Comment, sans se déshonorer, aurait-on fermé l'oreille aux appels de l'héroïque
Serbie, traîtreusement assaillie par la félonie bulgare!

Le Gouvernement français avait pris la décision. Tout
le monde sait qu'avec la loyauté et la netteté qui rendent
à la fois si agréable et si fructueuse la collaboration
avec eux, nos amis anglais, tout en s'associant à nous
dès la première heure, nous présentèrent des objections.

Dans le courant du seul mois d'octobre 1915, plusieurs
membres du Gouvernement français se rendirent en Angleterre, plusieurs membres du cabinet anglais vinrent
en France pour conférer de la question. Le mois suivant,
le nouveau cabinet français dut poursuivre les négociations.

Tour à tour, général en chef, président du Conseil,
sous-secrétaire d'État aux munitions reprirent et développèrent le même thème auquel finalement se rallièrent
sans réserve nos alliés.

Telles sont quelques-unes des difficultés rencontrées
dans le passé par la coalition. Peut-on se flatter de l'espoir qu'elle en est, pour l'avenir, à jamais libérée?

Il est de la nature des choses qu'il se produise parfois
entre associés des divergences de vues, des frictions, des

...ments. L'important est que la bonne foi et la loyauté ... en triomphent le plus tôt possible.

... d'action sur l'unité de front ne doit pas être ... formule creuse : elle doit, le plus vite et la plus ... tement possible, devenir une vérité.

... les questions secondaires doivent disparaître ... la volonté de la victoire définitive et le souci ... avancer la date. Elle sera d'autant plus rapprochée ... l'action de la coalition aura été mieux réglée. Aussi ... les résultats déjà acquis ne sont pas pour nous ... courager.

... Lamartine, que mon ami Barthou ne m'en voudra pas ... citer, écrit, au début de son *Cromwell* : « L'histoire ... comme la Sibylle : elle ne livre ses secrets au temps ... feuille à feuille ».

... Plus d'un feuillet déjà s'est détaché du livre que nous ... écrivons. Sans plus revenir sur 1914 ni 1915, quels ... changements entre février et juillet 1916 ! Quelle inter- version des rôles !

... Ah ! M. de Bethmann-Holweg est autorisé à constater ... en gémissant devant le Reichstag que l'Allemagne en ... est réduite à se défendre.

... Le 21 février 1916, l'Allemagne déclenchait son offen- sive sur Verdun.

... « Ce nom de Verdun auquel l'Allemagne, dans l'in- tensité de son rêve, avait donné une signification sym- bolique, et qui devait, croyait-elle, évoquer bientôt devant l'imagination des hommes une défaite éclatante de notre armée, le découragement irrémédiable de notre pays et l'acceptation passive de la paix allemande, ce nom représente désormais, chez les neutres comme chez nos alliés, ce qu'il y a de plus beau, de plus pur et de meilleur dans l'âme française. »

... A cet éloquent hommage rendu, au cours de l'émou- vante cérémonie qui eut pour théâtre les souterrains de la citadelle, au nom de la France et de ses alliés, M. le Président de la République à la ville de Verdun à ses défenseurs, il n'y a rien à ajouter qu'à s'associer en s'inclinant.

A l'exemple de l'Allemagne se ruant sur Verdun, l'Autriche peu après tentait de surprendre et de rompre au Trentin les armées italiennes. La foudroyante offensive de Broussiloff a déçu son espoir en même temps qu'elle inaugurait une nouvelle phase de la guerre.

Le 1er juillet, débute l'offensive de la Somme; quelques semaines plus tard, l'offensive de Salonique marquée par la rentrée des armées serbes sur leur sol; hier enfin, la brillante et victorieuse offensive italienne sur le Carso.

Les mœurs du temps de guerre

La guerre continue. Combien de temps se prolongera-t-elle? Pour ne pas aller au-devant de déceptions qui risqueraient d'énerver les esprits et d'amollir les courages, le plus sage et le plus sûr est de prévoir le pire et que la guerre sera encore longue et rude.

M. Aristide Briand a eu raison, dans la communication du Gouvernement aux Chambres, le 14 septembre dernier, de mettre en garde le Parlement et le pays contre l'excès d'optimisme.

La longue durée de la guerre n'incline que trop les esprits à tenir pour inutiles ou pour excessives des mesures sur la nécessité desquelles, au début, tout le monde était d'accord.

Eh bien! non, les mœurs et les habitudes du temps de paix ne sauraient convenir à la guerre.

Sans doute, c'est un droit constitutionnel pour le Parlement de ne pas partager l'avis des ministres et, même sans avoir l'intention de les renverser, de négliger leurs avertissements. Pourtant, en temps de guerre, quand les deux ministres militaires, le ministre de la Guerre et le ministre de la Marine, montent à la tribune l'un après l'autre pour supplier les représentants du pays de ne pas adopter une proposition, fût-elle pavée de bonnes intentions et destinée, comme celle à laquelle je pense, à améliorer le fonctionnement de notre justice militaire, c'est une faute lourde, pour une Chambre, de passer outre à leurs avis, et malgré eux d'adopter des textes qu'ils condamnent.

La liberté de la Presse est une des bases fondamentales de tout gouvernement libre. En guerre, cependant — que nos amis journalistes me le pardonnent — la Censure, qu'il est si tentant et si aisé de railler, est une nécessité vitale. C'est plus que le droit, c'est le devoir du Gouvernement de ne pas permettre que vienne au jour aucune publication de nature à nuire à la défense nationale, ne serait-ce qu'en ravivant les anciennes querelles et en compromettant l'union nécessaire.

La critique des actes des fonctionnaires et des gouvernants est un des droits les plus chers à tout citoyen d'un pays libre, surtout aux Français. Que ce soit notre honneur de nous le refuser à nous-mêmes. Tout propos pessimiste, toute critique, qui risque de diminuer la confiance, de semer le doute, de déprimer les courages, est, dans les temps que nous vivons, une mauvaise action, une faute contre la Patrie.

Hier, chacun de nous portait un prénom qu'il arborait avec ostentation et heurtait avec fracas sur la place publique : radical, modéré, socialiste, royaliste, plébiscitaire.... Aujourd'hui nous n'avons plus le droit que de nous souvenir de notre nom de famille : Français, pour qui rien n'existe au-dessus et en dehors de la France.

Jusqu'au bout

Comment ces sacrifices temporaires ne nous seraient-ils pas légers? La conclusion de la guerre qui, dès le premier jour, apparaissait inévitable, comme un résultat fatal de la force des choses, n'éclate-t-elle pas aujour-jourd'hui à tous les yeux? La guerre d'appétits, de conquête, déchaînée par l'Allemagne dans l'intérêt de sa domination, aura pour terme fatal la rédemption des opprimés. Sous quelle forme? Comment les opprimés seront-ils libérés, comment les frères séparés seront-ils réunis?

Si chacun de nous a le droit et peut-être le devoir d'étudier à part soi les données du problème, l'heure n'a pas sonné où il soit permis de poser publiquement la question.

Le 4 septembre 1914, la Triple Entente signait à Londres cette déclaration dont je remets sous vos yeux les termes :

« Les Gouvernements britannique, français et russe s'engagent mutuellement à ne pas conclure de paix séparée au cours de la présente guerre. Les trois Gouvernements conviennent que, lorsqu'il y aura lieu de discuter les éléments de la paix, aucune des puissances alliées ne pourra poser des conditions de paix sans accord préalable avec chacun des autres alliés. »

Cette déclaration, au bas de laquelle tous les Alliés ont tour à tour apposé leur signature, est le roc sur lequel se sont brisés et s'useront jusqu'au bout tous les efforts de l'ennemi, pour avoir raison des Alliés en les divisant.

S'ils se sont interdit d'en discuter à l'avance et séparément les clauses, tous les Alliés n'en sont pas moins, sont déjà, d'accord sur le sens général et la portée de la paix.

Décidée à tout pour atteindre son but de domination, n'ayant de règle et de loi que la force dont le culte est toute sa culture, l'Allemagne a foulé aux pieds les prescriptions du droit international et jusqu'aux préceptes de la morale élémentaire. Elle a érigé la terreur en moyen : pour la faire régner, elle n'a reculé devant aucun crime.

La Belgique et nos chers départements envahis, comme le Monténégro et la Serbie, crient vengeance contre les incendiaires, les assassins de vieillards, de femmes et d'enfants qu'ils ont rencontrés devant eux, sous l'uniforme des soldats ennemis.

Une fois de plus, la civilisation a connu l'assaut des barbares ; une fois de plus, fidèle à ses traditions séculaires, la France s'est dressée au premier rang contre la barbarie ! Aidée de ses nobles alliés, elle lui a barré la route : il faut achever de la réduire.

« Nous ne pouvons pas permettre que tant de sacrifices consentis, de souffrances endurées, d'héroïsme dépensé aboutissent à un compromis précaire et déshonorant qui ne serait qu'une parodie de paix. »

Ainsi a parlé M. Asquith. Ce qu'a dit le premier ministre anglais, tous les Alliés le pensent. Nous ne pouvons même pas concevoir une paix qui ne serait pas la réparation du passé et la garantie de l'avenir.

Par nos morts glorieux, par nos deuils innombrables, nous le jurons, nous ne remettrons au fourreau l'épée, que l'Allemagne nous a contraints d'en tirer pour notre défense, que le jour où nous aurons à jamais libéré l'Europe du cauchemar de la domination germanique !

IMPRIMERIE LAHURE
PARIS, 9, RUE DE FLEURUS.

www.ingramcontent.com/pod-product-compliance
Lightning Source LLC
Chambersburg PA
CBHW051405060726

47596CB00005B/2091